JN411075

지중해 블루 같은

지중해 블루 같은

조덕자 시집

문학의전당

自序

꽃잎, 지고 있다
새로운 출발 알리는
흰 배추나비 떼
길 위로 쏟아져 나오고 있다
내 삶의 부끄러운 날개 가득
은은한 불꽃
아지랑이처럼 피어오르고
나는
햇살이 흔들어 놓은 시간 속
떨어지는 꽃잎
하염없이 바라보고만 있다

●●●

차례

1부

2부

3부

4부

1부

지중해 블루 같은

가을이 가기 전에 장을 떠야 하는데, 어머닌 무릎걸음으로 마루에 나앉으신다 앉은뱅이 장독대에 긴 침묵이 고여 있다 그 잠깐 사이 바람이 불고 감나무 잎만 붉게 익어 서럽게 떨어진다 켜켜로 잘 익은 메주 안에서 푸른빛들이 뿜어져 나와 항아리는 어느새 만삭인 배를 들썩이고 나는 물끄러미 시간을 죽이고 있다 왼쪽이 마비되신 어머닌 애타는 눈으로 먼 하늘빛을 응시하고 계신다 내 몸만 성해도, 그 순간 땅 끝이 노래진다 어머니 먼 눈빛 따라 지중해 빛 블루 하늘이 슬며시 내 가슴속에 와 박힌다 어머니 세월 같은 짙은 장맛에 고개 숙인 채 긴 통발을 항아리 안에 밀어 넣는다 기우뚱 중심을 잃고 쓰러지는, 통발 가득 고이는 간장이 어머니의 애간장肝腸 같다 나는 휴 하고 가슴 저 밑바닥에 고여 있는 깊은 숨 토해낸다 내 숨소리에 가을이 어머니처럼 쓸쓸히 지고 있다

은둔의 집

뜨거운 여름 동안 아무런 생각 없이 지냈다 내가 생각 없이 여름을 보내는 동안 항아리 속 쌀도 생각 없이 지냈을 것이라고 믿으며 뚜껑을 열었다 녀석들, 언제 그렇게 기어 들어와 자리 잡았는지 새까만 바구미들 오몰오몰 모여서 쌀 반, 녀석들 반이다 세 들어앉은 둥근 작은 쌀 한 톨이 그들의 방이다 하얀 방 안이 가득 차도록 드러누워 세상의 빛, 하얗게 가루만 남아 있는 껍데기 안에 동그랗게 몸을 말고 있다 빛이 들어오자 죽은 척 꾀까지 부리는 걸 보면 녀석들 제법 사는 의미를 아는가 보다 뽀얗게 가루로 날리는 쌀 톨들, 부시시 무너지는 삶의 경계 너머로 눈부신 희망이 보인다 녀석들의 우주 안에서 보면 내가 침략자처럼 보일 테니 갑자기 항아리 뚜껑을 연 내가 무참해진다 어둠은 또 다른 어둠을 잉태하고 있는 것이다 그들의 세계를 침범한 내가 죄인이 된 하루해가 지고 있다

굴참나무 아래 찔레꽃

세월의 손톱자국이 나 있는, 굴참나무 아래를 기어가는 작은 여자아이가 있다 작은 가시, 순한 눈빛으로 하얀 가슴 화르르 열어놓고 바람 불 때마다 납작납작 엎드리고 있다 내 삶이 마치 낮은 포복으로만 기어 온 것을 아는지, 찔레꽃이 내 흉내를 내고 있다 나도 때론 사는 일이 부끄러워 저렇게 바람 불 때마다 엎드리며 숨어 살아왔는지, 무덤덤한 표정으로 서 있는 나무를 올려다본다 내가 잊고 살았던 상처, 불쑥불쑥 여기저기 새로운 옹이로 돋아나고 그 상처 보았는지 찔레꽃 슬며시 나무 아래를 또 기어나간다 기어가던 손끝이 햇살 아래 간지러운지 자꾸만 멈추어 선다 멈추어 설 때마다 작은 삶의 부스러기 같은 꽃잎, 생명처럼 떨려 나오고 나는 그 작은 꽃잎 주워서 손으로 만져본다 내 가슴 안에서 활짝 피어나는 생명들, 내 가슴속으로 들어와 있던 햇살, 몸속 세포 하나하나 일으켜 세워 등불을 켜면 내 발등 위로 가지런히 피어나는 추억어린 찔레꽃, 해맑은 여자아이 하나가 웃고 있다

우물
-그대의 기일忌日

우물 옆 감나무 밑에 쪼그리고 앉아 나는 가슴 먹먹한 하늘을 올려다본다 어릴 적 메마른 길 달려 긴 두레박 내리면 삐걱거리는 목마름, 푸른 하늘 달고 와 우물 속으로 들어가곤 했다 앉아서 일어서지 못하는 슬픔 한 자락, 내 가슴에서 풀려나와 깊은 우물 속으로 들어가 앉는다 발끝에서부터 온몸 신경들 내 눈치를 보며 일어서고 있다 서슬 푸른 하늘, 가을 끝에 매달린 붉은 감 하나 나를 훔쳐보고 있다 제향祭香이 피어오르자 서걱서걱 가을밤 베어 물던 바람도 조용하다 콘크리트 뚜껑 덮인 우물 속 그대는 잘 있는지, 세상 살아가야 하는 일이 빈 두레박 내리는 저 도르레처럼, 사람 마음 빈 곳을 채우듯 맞물려 돌아가는 것이라고, 나는 비 오는 구월 초이렛날 저녁 그대 마음 같은 대나무 우는 소리 들으며 술잔을 비운다 깊은 우물 속, 그리움이 고여서 깨어나는 이끼처럼, 먹먹한 향이 집안을 돌아 대청마루 기둥을 감고 있다 세월이 지나도 열리지 않는 마음의 문, 이 서늘한 가을 저녁, 회한悔恨의 작은 주홍부전나비* 한 마리 내 가슴속으로 날아들고 있다

*작은 주홍부전나비 : 나비목[鱗翅目] 부전나비과의 곤충. 이른 봄부터 늦은 가을까지 풀밭에서 생육

지상의 방 한 칸

일곱 시간 거슬러 간 순천만에서 뭉게구름 떼를 만났다 갈대는 순천만 거친 바람에 몸 맡긴 채 머리 산발한 임꺽정, 끄떡없어 보였다 갯벌 바닥에 붉은 칠면초, 소문처럼 무성하고 화르르 화르르 저고리 고름 입에 문 색정어린 여자, 멀미로 흔들린 내 가슴속으로 달려오고 있다 가끔씩, 갯비린내에 칠면초들이 드러눕고 고개 숙인 갈대들, 팔뚝에 불끈불끈 힘줄이 일어서더니 순천만이 하얗게 솟구치고 있다 사람들 손에서 벗어난 낟알들, 갯벌바닥에 기어들어 여기저기 발 뻗어보지만 지상의 방 한 칸 인색하고 사람들 입속에서 살아남아 날아다니는 철새, 사람들에게 쫓겨 보이지 않았다

폐경기, 호박꽃 같은

병원 골목길 돌아 나오자
내 삶이 철조망 벽에 붙어 있다가
한 무더기 불쑥 노랗게 피어났다

여물기도 전
울타리를 위태롭게 감고 오르던 내 생처럼
온몸 타고 흐르는
호르몬 같은 호박덩굴

말라붙은 덩굴손 아래
아직도 바람에 떨고 있는 노란 호박 하나
나처럼 둥근 시간의 집 속에 갇혀
잠이 깊이 들었나 보다

몸속 훑고 지나간 바람쯤이야
아직은 견딜만하다고
거북등껍질 같은 몸 뻗어
꽃 피우고 있다

살아온 만큼 세월의 끝에서

이제는 너도 폐경기냐고
호박꽃이 슬며시 고개를 숙이며 웃는다

빨래를 널다가

연이틀 하늘이 무거워져 곧 쏟아질 것 같더니 오늘은 햇살이 베란다 안까지 맨발로 내려앉아 봄날 병아리처럼 졸고 있다 나는 탁, 탁, 하루를 힘겹게 살아온 삶들을 햇살에 털어낸다 빨래 터는 소리에 햇살 한 줌이 부시시 일어나 이제는 살아간다는 것도 지겹다는 듯 눈 흘기며 하품을 한다 발밑에 수북이 쌓이는 시간들, 세탁기 속에서 미처 빠져나가지 못한 내 삶의 편린들이 여기저기서 아우성이다 젖은 주머니 속을 뒤집어 가끔씩 나도 모르게 혼절하는 생각들을 끄집어낸다 그리고 생각이 많아서 아직도 물기가 남아 축축해진 휴지뭉치 하나를 끄집어내자 기다렸다는 듯 햇살이 깔고 앉는다 내 삶도 때론 저 휴지처럼 물먹은 채 누군가에게 멱살 잡혀있는 건 아닌가 하고 잠깐 속이 울렁거린다 나는 얼른 흩어진 내 생각들을 주워 모아 빨래 속으로 다시 집어넣는다 방심한 햇살들도 내 손아귀에 잡혀 빨래 속으로 따라 들어가고 있다

쐐기풀을 뜯으며

가을이 시간의 독에 중독된 붉은 얼굴로 창문 두드리는 지금, 그녀의 가슴 안에는 세상의 독을 먹고 자란 쐐기풀이 가득하다 머리에서 발끝까지 몸속의 체액을 터전 삼아 쐐기풀이 발 담그고 있는 곳, 물의 깊이 알 수 없는 폐肺 속에 갇혀 지금 익사하는 중이라고 자기들끼리 보글거리며 독기어린 가시 펼치고 있다 가을 햇살은 젊은 날의 추억을 아름다운 꽃으로 피우기도 하지만, 그 꽃이 지고 나면 그 자리엔 그 꽃만큼의 상처 흔적으로 남아, 살아남은 사람 가슴속 아픔의 꽃 피우고 있다 나는 지금까지 살아오면서 삶이란 이름의 무성한 숲 속에서 길 잃고 헤맨 적이 얼마나 많았는지 아직도 앞이 보이지 않는다 아무것도 해줄 수 없는 지금, 내 작은 손 내밀어 그녀의 몸속 쐐기풀을 뜯어낼 수만 있다면 삶의 가시 박힌 내 손바닥도 눈이 시리도록 아름다울 것이다 지금, 그녀의 몸을 익사시키고 있는 폐, 그 속에 들어앉은 물, 깊이도 모른 채 헐떡이다 보면 세월은 또 그렇게 가는 것이라고 햇살이 빠르게 웃고 있다

뿌리

아침 일찍 텃밭에 있던 파를 뽑았다며 불쑥 내민 그녀, 엉성한 이빨 사이로 햇살이 수줍게 얼굴 붉힌다 봄바람이 살랑 그녀 어깨 건드리고 비닐봉지 안에 든 파, 언뜻 고개 들어 나를 본다 푸른 족쇄 온몸에 칭칭 동여맨 삶이 가볍지도 않은 이 아침에 그녀 몸속에 키우고 있는 암 균사들이 다리 뻗는 소리, 나는 듣고 있다 그녀, 이젠 지방덩어리 하나 몸에 걸치지 못한 채 바람이 불 적마다 휘청, 봄 햇살이 무거운 삶의 옷이 된다 더 이상은 흔들리는 삶은 싫다고 몸속에 자리 잡은 뿌리들, 몇 번을 잘라내어도 또 그 자리를 어느새 다 채우고 이젠 촘촘하게 줄 엮어서 그녀 몸속에 견고하게 지은 집, 바람이 불어도 흔들리지 않는 만년설, 하얀 뿌리가 그녀의 입속에서 기어 나와 폴폴폴 버즘나무 어린잎에 올라앉는다 놀란 버즘나무 온몸 흔들어 손바닥만 한 껍데기 봄 햇살에게 떼어준다 나는 나도 모르게 그녀가 가져온 파뿌리를 꺼내어 놓고 그 뿌리 하나를 통째로 밟아버리고 있다 더 이상 그녀의 뿌리가 자라지 못하도록, 내 발밑에서 뭉개지는 그녀의 텅 빈 자궁, 그 순간 내 삶의 부끄러운 햇살이 스르르 꼬리를 내린다

부고訃告

어깨 늘어뜨린 하늘 아래
아! 갑갑하다
길거리에서
백화점에서
이 숨 막힘의 정체는
줄여도 죽여도
비집고 들어오는
에프엠 음악처럼
지나가는 노인의 육신 사이
별, 별, 별…
노랗게 춤추고
고무줄같이 질긴
사이렌이 울었다

섬진강, 그 착한 물빛

긴 머리카락 풀고 있는 지리산 산자락을 돌고 돌아, 옥양목 같은 섬진강 은빛 물결에 가 닿으면 아직 세상에 부대끼며 살아가야 할 내 적빈의 삶, 긴 세월이 흘러가고 있다 고향 떠난 새끼 은어들이 먼 바다를 돌아 강으로 돌아오는 것처럼 나는 아침이 빗살무늬로 걸어오는 새벽, 무거운 도시의 정강이뼈를 추스르며 소름이 오솔오솔한 미명 속에서 이명증처럼 푸, 푸, 섬진강이 몸 푸는 소리를 듣곤 했다 그 소리에 내 가슴 한쪽이 섬진강으로 먼저 달려가고 남루했던 삶의 한 모퉁이 들어내어 강물 속에서 털어내고 또 털어냈다 그 털어낸 자리마다 참새의 혓바닥처럼 돋아나는 푸른빛, 세상의 모든 길들이 불을 밝히고 착한 물빛들이 빚어낸 길들을 따라 더욱 깊어진 섬진강, 순박한 사람들이 토해낸 명주실 같은 길 따라서 내 마음속으로 섬진강이 걸어오고 있다

밥알을 헤아리다

새우처럼 구부린 채 잠든 밤이면 내 몸이 생선 비늘로 가득 덮여 있곤 했다 헉헉대며 이리저리 몸을 움직여 보지만 몸은 지느러미 하나 움직이기도 힘들었다 푸른 바다 위 이끼 같은, 오징어잡이 배들이 집어등 불빛 밝히고 나는 그 불빛을 따라 다니기도 했다 가끔 그 불빛 속으로 보이는 작은 문 열어보면 몸뚱이 없는 얼굴, 내 남루한 하루가 거기에 앉아 있다 창백한 얼굴에 커다랗고 검붉은 입, 손만 부지런히 밥그릇 속으로 들어가고 있는, 아무리 퍼올려도 보이지 않던 세상의 밥알들이 내 주위를 돌아다니고 있다 잡을 수 없는 안타까움에 문득 깨어 일어나 보면 창밖 세상의 문 열려 있고, 눈이 부셔서 쳐다보니 창틀 아래 앉아 놀고 있던 개집 밥그릇 안에 소복이 고여 있는 내 삶의 햇살 한 줌, 그 햇살들이 내 삶의 밥알 헤아리고 있다

독감예보

점령당하고 있다
꼭꼭 여며둔 이중 유리문 틈 사이로
흰머리 나풀거리며
조심스레 들어서서는
내가 누워 있는
코가 막혀 풀어낸 휴지더미를 지나쳐
슬금슬금 온몸을 무너뜨리고 있다
따뜻하게 등이 풀어진
방바닥에 누워
내가 쫓아내지 못할 것 아는 것처럼
머리맡에 수북이 빠진 세상의 먼지 위에
천진스레 앉아 옆 눈으로
안방을 넘보고 있다
아직도 꿈속에서 헤어 나오지 못한 나를
숨 막히게 하고 있다
그리고 나는
몽유병 같은 독감에 점령당했다

대설주의보

뼈마디가 달그락거리는 날엔 바람 부는 밤거리로 나간다
멀리서 불어오던 저기압들이 무리 지어 달려오고
놀라서 뒤돌아보면 나를 따라온 또 다른 내가 서 있다
망부석처럼, 내가 살아온 세월만큼의 거리에서
나풀거리던 삶의 불빛이 조금씩 사라지기 시작하고
지척에서 어두웠던 젊은 날의 아린 가슴도 사라지고 있다
가만히 손 내밀면 손끝에 와 닿던 아스라한 추억들
나는 설움처럼 쏟아지는 폭설 속에 갇힌 채
그 추억 속에서만 갇혀 아슬아슬 살아온 건 아닌지
어느새 눈자라기도 못하는 아이가 되어 망연자실 서 있다
비수리가 열어 놓은 밤의 문을 따라 한 아름씩
쏟아 붓는 이 세상의 추억이 사람들이 벗어놓은
삶의 힘든 옷가지 같아서 바람 부는 밤거리에 서서
나는 앞으로 살아가면서 이 세상 모든 걸 덮고 있는
저 많은 빨래들을 하면서 살지도 모른다고 생각하고 또 생각했다

달팽이

길은, 그녀의 생生처럼 어지러웠던 길은 더 이상 보이지 않는다 어두운 병실, 마흔 다섯의 그녀는 머리맡에 걸린 달력 속에 멈추어 서 있다 살아오면서 무심히 지나쳤던 양력과 음력, 월과 월을 촘촘히 짜깁기하는 중인지도 모른다 보이지 않는 곳에서 그녀의 새로운 길이 넓어지고 있다 그녀의 빛나던 정신은 이미 목련이 흐드러진 골목길로 앞서 가고 있는 모양이다 그녀가 지나온 길 위로 빈 껍질만 남은 달팽이가 수북하다 생명줄 속 퉁퉁 부은 산소방울을 건너 그녀가 아직도 달팽이처럼 기어가고 있다 남루했던 삶, 짧은 촉수를 더듬거리며 그녀가 가고 있다 간신히 매달려 있던 산소방울들이 무겁다며 삶의 성에를 자꾸만 털어낸다 내가 살아온 길 위에도 그녀가 쏟아놓은 뜨거운 삶의 한 조각이 보인다 그녀의 짧은 삶 달팽이, 감은 눈에서 눈물 한 방울 마지막 지상으로 떨어질 때 나는 보고 말았다 투명한 작은 못 하나 세상의 중심에 소리 없이 박히고 있는 것을

2부

겨울, 문門을 열다

아직 걷어내지 못한 커튼 사이로
지나온 시간이 햇살의 키만큼 늘어져 있다
시간의 문 앞에서 서성이던 마음도
느슨하게 풀어져 누워 있는 등이 가렵다
하루 종일 세월 갉아먹는 작은 물소리 들리고
두꺼운 이불 속에선 아직 탈피하지 못한
애벌레 같은 내 삶이 봄날 물길처럼 꿈틀거린다
문을 열면 시간의 푸른 등줄기 위로
길게 드러누워 있는 고달픈 내가 보인다
하얀 깃털을 가진 새 떼처럼
문 밖 맴돌던 바람도 앙상한 등뼈를 보이고 있다
문을 열면 내 마음 먼저 열리고
내 마음 열리고 나면 세월 지는 소리
내 생의 작은 돛단배 하나 아딧줄도 없이
푸른 바다 위에서 사유하고 있다
마음의 문, 수시로 봄 햇살처럼 열렸다가 닫히고 있다

유혹, 그 짧은 기억

내 마음의 오지에서 푸르르 일어서는 빛
그 빛 따라 문을 열고 산길 오른다
나는 휘청, 깊은 우물 속에서 빠져나온 것처럼
잠시 밝은 빛에 눈멀어지고
마음속 출렁이는 햇살 한 줌이 눈부시다
나무의 등뼈 사이사이 하얗게 핀 조팝꽃
시간을 비운 바다 그늘이 숨어들어와
가지마다 하얗게 소금꽃 같은 세월 피우고 있다
문득, 잊어버리고 살아온 순수한 꿈들이 살아나고
첫 사랑, 아릿한 그 짧은 기억 속에서
내 그리움 한쪽이 슬며시 풀려나와
나는 발신인이 없는 엽서처럼 구겨져
조팝꽃 나무 속으로 소리 없이 스며들고 싶다
삶이란 이렇게 쓰리고도 아프게 피어나는 것이라고
바람이 가볍게 내 이마를 툭, 치며 지나가고 있다

중심을 잃고 쓰다

비 오는 아침 불혹을 건너온 바람이
내 가슴속으로 들어와 물길을 만든다
환절기 속절없이 내리는 비처럼
남루한 내 삶의 한 귀퉁이 들여다보면
귓속, 중심을 잃어버린 달팽이관처럼
늘 불온하게 휘청거리는 내 모습이 보인다
작은 물이랑, 설움의 시간이 자박자박 걸어오고
펼쳐 놓은 신문지 위로 인동초꽃이 마르다 다시 젖는 소리
그 소리에 눅눅해진 부고난이 작은 물길을 만들어
생과 사, 푸른 보리밭 삶의 경계쯤에서 서성거리고 있다
나는 뻘밭 같은 세상 속에 살면서 꽃향기에 눈멀어
비 오는 아침 세상의 중심에서 떨려나와
청맹과니, 눈부처로 우두커니 앉아 있다
내 귓속으로 들어온 바람이 아직도 따뜻한 걸 보면
내가 걸어가야 할 길이 많이 남아 있나 보다

화분을 비우며

햇살 한가로운 베란다에 화분 몇 개 졸고 있다
내 게으름 나무라듯 계절 지나간 화분 속엔
말라버린 국화 대궁이 바람도 없는데 흔들린다
이제는 찬란한 시간의 신호등 꺼지고
슬퍼할 겨를도 없이 가을이 지나갔다고
무언의 눈짓으로 창 밖을 내다보고 있다
화분 속 마른 흙 퍼내며 내 미움의 방 한 칸
비워내는 것처럼 허허로워졌다
마음속에 집 하나 짓는 일, 늘 반복하며 살지만
칸칸의 방마다 들어앉는 미움의 상처
그 고인 상처에 문고리가 녹이 슬어도
용서한다는 것은 처음으로 돌아가는 일
계절의 흔적 남은 화분 비우며 깨닫고 있다

시월, 쑥부쟁이 피고

양말 신지 않은 발, 발가락이 싸늘하다
무심코 들고 있던 전화기 속에선
아직도 여름의 깊은 숨소리가 이명증처럼 울리고 있다
여름 내내 청맹과니, 세상의 모든 빛 잃어버린 채
나는 눈 뜨고도 보이지 않는 빛 속에서
길 잃고 헤매고 있었나 보다
소문처럼 무성한 숲, 어두운 밤은
늘 내 잠 속으로 들어와 쉬지 않고 걸어 다녔다
먹어도 먹어도 피지 않는 붉은 꽃
잠들지 못하는 뇌腦, 손가락이 푸르다
아침이면 나는 저혈압의 눈꺼풀 위에서 졸고 있다
그래도 시간은 삶의 초침 놓치지 않고
어느새 눈 시린 시월 하늘이 꿈도 꾸지 못하는
내 눈두덩 위에 불쑥 쑥부쟁이꽃 하나 피워 놓고 있다

사월, 그 꽃이 진 자리

벚꽃이 후두둑 작은 바람에도 날리는 사월
날선 전화기 속 목소리가 우울하다
물밑에서 건져 올린 해감내 나는 파래처럼
건너오는 말 미처 내게 오기 전 젖어 있다
오랜 망설임에 소식 전하고
오랫동안 만나지 못했던 마음
햇살에 앉혀두고 나는 그렇게 벌들이
분주히 꽃 속으로 넘나드는 것을 지켜보고 있다
아이가 셋, 아직도 어리다고
긴 선으로 연결된 말들이 아장거리며
걸어와 벚나무 가지 사이로 숨어든다
살아가는 삶이 죽는 것보다 더 아프다는
그 친구, 기대어 앉을 벽이 없다는 말이
벚나무 밑둥치에 걸터앉은 내 마음 흔든다
흔든 내 마음 비집고 들어앉은 생명보험계약서
그 친구 살아가면서 있는 벽 없다고
가시 박힌 바람벽 하나 또 만들고 있는지
머리 위 벚꽃들 또 후두둑 바람도 불지 않는데
지상으로 곧장 곤두박질치고 있다

벌레의 집, 구멍 같은

작년에 말려 넣어둔 국화꽃잎을 끄집어낸다
청청한 도자기 안에서 무심히 잘 있으려니
뚜껑을 연 순간 무수한 날 빛 구멍들이
나를 올려다보고 있는 게 아닌가
도자기 속엔 후손 없는 무덤 속 같은 향
아직도 남아 세월 속에 갇혀 있는데
내 눈에 보이지 않는 작은 벌레들의 집
빛깔 곱던 꽃잎 흔적도 없이 사라지고
세월에 삭혀진 뼛속 골다공증처럼
숭숭 바람구멍 벌집 지어 놓았다
기억의 구멍마다 세월의 작은 집 지어 놓고
벌레들은 다 어디로 가버린 것인지
나는 그 기억의 빈집에 숨어들어 내 속에 숨어있는
단단한 삶의 갑옷을 벗어버리고 싶다

허기에 대하여

말을 집어삼킨 수화기를 놓자마자
나는 허겁지겁 밥숟가락 집어 올린다
먼저 물을 벌컥거리고
허리끈을 풀고 나를 묶고 있는
모든 것에서 해방시킨다
뱃속 가득 채운 음식물들이
목울대에 걸려 꺽꺽 쉰 울음소리 내어도
내 손에 쥐어진 숟가락 놓을 수가 없다
허망, 허무, 허공, 허기…
가위에 눌려 식은땀을 흘리거나
무언가 거북스러워 묶고 있는
세상의 끈 모두 풀어버려도
허허벌판에 서성이는 황토바람처럼
내 속에서 빠져나오지 못하는 수많은 언어들이
기진해 흩어질 때
나는 비로소 숟가락을 놓는다

당신들도 그렇게 허기질 때가 있었는가

배초향排草香꽃이 필 무렵

무덥고 질긴 햇살들이 바람에 몸 움츠린 채 산 아래 텃밭에 내려앉는 것을 보면 여름이 건너가고 있나 보다 시간을 겉돌아 다닌 서슬 푸른 내 젊은 생애처럼 여름 바람은 참으로 무서웠다 그 바람에 덧난 고추는 붉게 기진한 열매를 아직도 주렁주렁 달고 여름을 보내지 못하고 있다 미처 떠나보내지 못한 내 가슴속 상처, 작은 텃밭 귀퉁이 코끝이 아릿한 배초향이 보랏빛 입술 내밀고 있다 여름동안 매운탕 속으로 보낸 잎들이 미처 돋아나기도 전 나처럼 가느다란 겨드랑이 속 상처가 가려웠는지 모른다 계절은 시간을 잠재우고 시간은 계절을 꿈꾸는지 울울한 나무 숲 속 매미는 저렇게 하루를 요란하게 채우고 있는데, 어느새 내 마음에도 작은 그늘 하나가 내려와 상처를 덮고 있다

*배초향 : 매운탕이나 추어탕에서 넣는 허브의 한 종류. 방아 잎이라고도 불림

방바닥에 피어난 냉이꽃

먼지 풀풀거리는 아파트 마당에 서서 올려다본 벚나무 가지 끝이 재개발딱지처럼 부풀어 있다 추운 겨울 동안 나는 등뼈가 휘도록 누워 시간을 좀먹으며 살았고 솜꽃 같은 봄은 가지 끝으로만 숨어들었나 보다 아직 봄은 멀리 있는데, 사람들 빠져나간 골목길 걸어본다 그 사람들 마음 같은, 바람에 날아다니는 종이들이 골목길 주인이다 풀썩, 사람 빈자리 그늘지고 있다 돌아앉은 작은 책상 흙먼지 위 햇살들 졸고 있다 오래전 쥐오줌 한 줄기 벽을 타고 나갔는지, 내 발밑에서 별꽃 지우개 하나 기억을 더듬고 있다 허물어진 거실 사이로 보이는 부엌은 아직도 요리 중이다 새집, 꿈에 부풀어 먹는 것 잊어버리고 갔을까 냄비 속엔 쥐눈이콩 한 줌 숨어 있다 방바닥엔 주인 잃은 물건들, 나도 저렇게 무심히 사람들에게 잊혀져버리고 버려진 채 살아온 건 아닌지, 벌어진 구들장 틈 사이 뚫고 올라온 냉이꽃이 나를 보고 웃는다 사람 온기 잃은 방바닥 작고 하얀 꽃 피어나고 있다

바다로 간 전설
–고래이야기

노랗게 물든 은행나무 아래에서
백만 년 전 두 발로 걸어 들어온 내 사랑을 만난다
가을이 깊어갈수록 더 짙어지는 마음
유유히 걸어 다니는 내 안의 푸른 바다
금빛 햇살 아래 파닥이는 나뭇잎처럼
푸르게 날선 아픈 발가락이 보인다
나무그림자 따라 푸른 바다를 꿈꾸고
그 바닷속으로 걸어 들어간 슬픈 사랑 고래여
잎 지고 난 뒤 피어나는 상사화처럼
서로 그리워하다 가슴에 새겨진 붉은 화인같이
매끄러운 지느러미 하나 생길 때마다
걸을 수 없는 운명의 굴레에 갇혀
윤회의 푸른 비명 뿜어내는 그대여
세상의 모든 길 잃은 이들에게
꿈의 젖꼭지 물리려 다시 걸어 나오지 않겠는가
물속의 집 버리고 나온 저 처연한 은행나무처럼,

마늘, 그리고 빈 그릇

오전 내내 빈 그릇 놓고 마늘을 깐다
매운 삶, 흐르는 눈물 닦지도 못한 채
뿌리에 매달린 붉은 흙 사력을 다해
아직은 푸른 생으로 남아 더 발 뻗고 싶다고
마늘보다도 더 단단해진 쪽 눈으로 나를 올려다본다
살면서, 그래 살면서
때론 이렇게라도 뭉쳐서 힘주어 보는 거라고
돌처럼 굳어지는 시간 건너와
가슴이 먹먹해지도록 울어보는 것이라고
사는 일이 푸른 멍들도록
텅 빈 밥그릇 스스로 채우는 일이라고
유유한 집 속에 갇혀 마늘 옷이나 벗기는
네가 알 리 없다는 듯 맨살의 마늘쪽들
윤기 나는 매운 이빨로 나를 비웃고 있다
그동안 내 삶의 그릇이 텅 비어가고 있다는 것을
진즉 알고 있었다는 듯
손가락 하나가 아리기 시작했다

달 속으로 걸어 들어가다

달의 흔적 같은, 콧물이 흐른다
지하실 빈 공간 떠돌던 냉기가 거실바닥에 엎드려
원고지 칸 속에 갇혀 있는 나를 본 모양이다
알싸한 봄날, 꽃들이 피고 있다
나는 집구석에 숨어 엎드린 쥐며느리 같다
늦은 밤, 시간은 어둠의 뿌리에 깊이 숨어들고
대숲에는 길 잃어버린 새들의 잔기침소리
나처럼 잠들지 못하는 작은 새 몸을 뒤척이고 있다
어둠 속 번뜩이는 바람의 비늘
문득, 내가 살고 있는 세상에
흰 이마 드러내며 웃는 저 시린 달빛
시간의 긴 줄 팽팽하게 감았다가
차르륵 세월의 빛줄기 허공에 풀어 놓고 있다
나는 가끔, 사람 발자국 소리에 놀라
달 속으로 숨어들어간 월궁항아月宮姮娥처럼
시간의 허기에서 풀려나와 푸른 비린내 풍기는
저 달 속으로 걸어 들어가고 싶어진다

3부

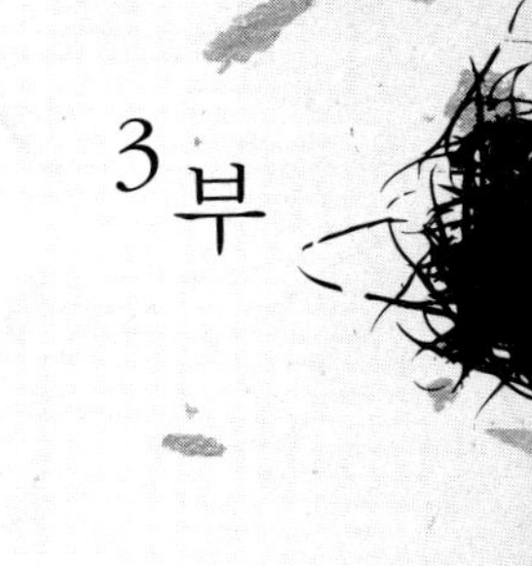

내 마음의 풍경소리

하얀 바위 가지런히 엎드린 백담사에 가서야 깨달았다
살면서 뒤 돌아보는 일이 얼마나 힘든 일인지
하루 종일 사람들 속에 숨어 살면서
그 사람들 그늘이 얼마나 넓은지
이제야 돌아보는 내 뒷모습 또한 얼마나 쓸쓸한지
세월에 휘어진 내 삶의 등이 시리다
혼자라는 외로움을 잊은 채
앞만 부지런히 바라보고 걸어오던 길
계곡 아래 하얀 바위 속에 스며들어
나도 저렇게 맑고 고운 소리 내면서 살아왔는지
반성의 죽비 한 대 가슴에 안고 백담사 오른다
바위틈 비집고 다니는 물소리가 정겨운 날
문득, 백 번의 마주침에도 흔들림 없는 돌탑 아래
백담사 길고 긴 계곡이 사람 속 깊이보다도
더 깊지 않다는 걸 드러난 노송의 하얀 뿌리가 말해주고 있다

가지치기

나무의 허리쯤에서 경비실 윤씨는 줄기차게 하늘로만 솟아오르는 손가락들의 반란을 차단하고 있다 빗방울처럼 뿌려지는 가지들은 땅 위에 말없이 드러누워 말똥말똥 눈 흘긴다 하늘은 눈이 아픈 듯 멍 자국 같은 구름 풀어놓고 경비실 윤씨는 하늘 향해 꿈꾸는 손가락들을 자꾸만 둥글게 둥글게 오무려 놓는다 살아가는 동안만이라도 이 세상이 원만해지길 바라는 듯, 그만의 원, 그 밖으로의 손짓과 욕망은 더 이상 용납하지 않는다 어느새 경비실 윤씨의 발밑으로 움직이지 못하는 손가락들 자꾸 쌓여가고, 잘려서 더욱 아름다워 보이는 나무들, 그러나 그는 뒤돌아보지 않는다

고욤나무 잎을 따다가

산길에는 푸른 물길들이 길 열어 놓고 있다 나뭇가지 겨드랑이 타고 어린잎들이 키재기를 하고 푸른 그들에게서 비릿한 봄이 풀어지고 있다 내게는 살아가는 일이 이렇게 숨을 헐떡이는 일, 힘겹게 모락모락 일어서는 산길 같다 감잎차를 만들려면 어린잎을 따서 채반에 쪄 그늘에 말리세요 내 마음의 깊고 서늘한 그늘, 다도를 한다던 여자의 표백제 같던 이빨이 적의를 드러낸 채 고욤나무 잎 위에 누워 있다 나는 움찔 뒤 돌아본다 너무 멀리 왔나 보다 세상을 너무 에둘러 왔나 보다 손끝에 전해지는 알싸한 적의가 풀어지고 있는데 헉헉대는 산길은 도무지 끝이 안 보인다 꼭 내 마음 같다 햇살이 발 아래 밟혔는지 찌익 얇은 숨소리를 낸다 나는 고욤나무 어린잎 하나를 딴다 푸른 비린내, 이빨 시린 냄새가 난다 내 손 안에서 도르르 말린 엽록소들이 느슨해진다 느슨해진 내 마음속에서 풀려나온 고욤나무 잎 같은, 새 한 마리 푸드득 날아오른다

고추씨앗 하나가

베란다 문을 열다가
바람이 오소소 소름 돋우는 사이
창문 틈새로 겨울 먼지 뱉어내는
작은 물구멍을 삶의 터전 삼아
어느새 자리 잡았는지 노란 고추씨앗 하나
자기만의 우주 안으로 초록 물길 감아올리고 있다
지난가을 아버지 손끝에서
전해지던 견고한 삶의 언저리 벗어나
얇은 창호지 빛, 파르르 언제 생의 숨결 틔웠는지
그동안 살아오면서 스스로 반쯤 허리 접고
세상 밖 문 열기가 두려웠던 내 생의 경계선에서
깨어나라고, 저 작은 고추씨앗 하나 초록 불빛
앞세워 문틈으로 얼굴 내밀며 나를 곧추세우고 있다

꽃 속에 숨어있는 눈眼

차바퀴 아래서 온 산천이 들썩거리고 있다
잃어버리고 산 것들이 얼마나 많은지
밟혀서 날아다니는 저 무수한 꽃잎 속에
내 푸른 원시적인 기억들도 바람구멍 숭숭거린다
세월을 깎아 만든 봄, 붉은 독기에 눈멀어서
온 세상이 아프다고 하늘하늘 꽃잎들 눈물로 떨어지고 있다
그 순간 내 삶 지탱하고 있던 줄 하나
툭, 꽃 속으로 들어가 숨어 앉는다
내 생의 기록도 저렇게 피었다가 지고 있는 것을
구멍 숭숭한 꽃 속에 숨어있는 눈이 나를 흘겨보고 있다
그 눈독에 중독된 채 내 몸이 하늘하늘 얇아지더니
살아가는 일도 저렇게 땅바닥에 뒹굴어 보는 일이라고
봄 날 지상으로 떨어진 내 눈 속으로
내 삶의 구멍 천천히 메워지고 있다

작설차

잠들어 있던 마른 잎 일으켜 세워
내 몸속으로 불러들이면
짙은 어둠에 갇혀 있던 푸른 불火들이 살아난다
씁쓸한 외로움 녹아든 잎맥 사이로
산화된 시간들 우러러나고
절제된 내 가슴 한 구석에 숨어있던
바람 한 자락 솔솔이 풀어진다
그 깊은 엽록葉綠 얇아져
비록 문풍지처럼 떨린다 해도
온몸 데우는 열기같이
나도 그에게 마른 잎으로 눕고 싶은 것이다
나도 그처럼 푸른 수맥으로 되살아나고 싶은 것이다

커피

고통이다
넌 언제나
거기 그 자리에서
추억 한 줌
헤실헤실 풀어 놓고
못다 한 이야기
꽁꽁 묶어두고
돌아서 가던
그의 뒷모습처럼
어제는
왈츠 같은 비가 왔었지

추억

길을 가다가 우연히 마주친 청년
나도 모르게 가슴속 깊은 곳에서 속삭이더군
'아주 잠깐 너였으면 해' 하고
넌 미루나무처럼 키가 큰 얼굴에 여드름이
봉숭아 꽃물 같았지
내가 타고 있는 버스 앞을 하얀 교복 학생들이
우르르 은어 떼처럼 몰려가고 있었지
'그래 바로 너였어'
언제나 내 마음속에서 조금씩, 조금씩
세상 향해 눈뜨게 해주던
그러다가 한 번쯤 뒤돌아보는 여유를 부리며
내 가슴속에 푸르게 뿌리 내리고 있는,

플라타너스

버스를 기다리다 지칠 즈음
길가 플라타너스
내게 손 내밀어 자기 손 하나 내게 주고
가벼이 훌렁훌렁 온몸 바람에게도 내어주고 있다
그래도 미처 내밀지 못한 손 하나
공중에서 한들거리고
기다림에 지친 사람들 차곡차곡 재여
삐죽 삐죽 발돋움하는 콩나물 버스 속으로
손 하나 내게 준 플라타너스
멀어져간다

풍경

벌레들은 구멍에서 나올 줄 모른다
햇살은 금 그어진 거실 바닥에 누워 있고
수많은 벌레 새끼들
놀이터가 풀썩거린다
밟히고 깔린 굽은 등뼈가
일주일 내내 힘겨웠다고
아파트 광장 주차 선은 대낮부터
술 취해 비틀거리고
썰물처럼 빠져나간 자리와
시간을 질주하고 돌아온 차들은
아무런 흔적도 없는데
벌써 바람은 단풍을 몰고 다니고 있다
그러다가 하루를 날려 보낸 사람들
스르르 벌레 구멍 속으로 찾아 들고
햇살은 금 주위만 맴돌다가
낮잠에 싫증난 아이들
걸음 속에 밟혀 마디마디 잘려지고 있다
텔레비전 속 벌레 소리도 덩달아 토막 나
아! 질. 기. 고. 질. 긴. 하. 루.

오월

서로 신경 세우고 살 일은 아니다
내가 볼 수 없는 담장 너머로
정열을 간직한 해바라기처럼
키를 세우고 살 일은 아니다
빛바랜 사진 속
세월은 그 자리 그 시간에 갇혀 있고
내 유년의 잃어버린 운동화 한 짝 깨금발로
하늘 올려다보면
눈부신 오월의 신록은 늘 맨발로 서 있다
뿌옇게 흐려진 눈 속으로
흩어지는 최루탄, 어지러운 발자국 소리들
무거운 방패와 상처 난 마음들이
못처럼 와 가슴에 박히고
푸른 하늘 아래 지나온 시간이 같은 사람들
서로 눈 부릅뜬 채 대치 중이다
그날 잃어버린 내 운동화 한 짝
세월의 문턱에 걸려
여전히 세상 향해 눈 부릅뜬 채
보초처럼 서 있을지도 모른다

함월산

북정동에서 고개를 넘으면
까치밥으로 남아 있던 감 하나
모과나무 오솔길 사이에 볼이 얼은 채 달려 있다
구불구불한 오솔길 사이로 얕은 지붕들
복산동에서 함월산을 보면
탈모제 바른 산 하나 중얼중얼 바람으로 버티고 있다

묘지 깎아내고 들어선
송골 공동묘지 신한그린아파트에서는
밤마다 내장을 다 쏟아버린 바람들이 울었다

그 속에서 혼을 잃어버린 아이들은 학교에 간다
책가방 가득 매연을 챙겨 가지고
풀썩, 교실에서 책들을 펼치면
글자들은 하나 둘 산으로 달려가고
벌거벗은 함월산이 추울까 봐
새들은 깃털 하나라도 산 쪽으로 날려 보낸다

산불 예방조치로 등산로가 폐쇄되고 있는
전국의 산들 사이에도

함월산은 끼어들지 못한다
전설처럼, 옛날 일이라고
간밤 무서리에 고뿔든 함월산이 재채기를 한다
불쑥불쑥 솟아있는 굴뚝들을 바라보며…

4부

열매 1

지나가는 바람처럼
설레는 가슴 앞세워 창을 열면
누군가 나를 흔들어 깨운다
머리 풀린 가을은 문턱에 젖어 있고
귀뚜라미 한 마리 재빨리 몸 사린다

어느새 시린 바람은
방 안을 한 바퀴 휘돌아 나가고
온기 잃은 방바닥에는 툭,
뜰 앞에 서 있는 등나무
초록 잎맥 지키고 있던
꿈의 빛깔들을 사위고
줄기마다 대롱거리는 열매를
바람이 한 가닥 지나가면 온몸 뒤틀어
톡, 톡 창문에 정원에
그의 혼을 떨구고 있다

열매 2

뜰 앞 등나무 열매는
며칠 전부터 뽀얀 가슴 열고 있다

고샅길 돌아온 바람이 잠시 쉴 때면
어서 가라는 듯 함박웃음 흘리고 있다

무릎걸음으로 들어선 가을은
창 앞에서 얼씬거리는데
무엇이 못 미더운지 작은 새 한 마리
지붕 위 굴뚝 위에 앉아 지나가는
차량 행렬 쪽으로 마음이 가 있다

신발끈 매기

햇빛이 물러나간 오후
쓸쓸한 현관에 기대어 앉아
내가 걸어온 길 생각한다
형형색색의 꿈
그 꿈속으로 떠난
아이들 신발 사이로
파리한 얼굴의 밤색 등산화
내 신발이 엎드려 있다
투박한 그의 콧등 바라보며
산그늘 같은 외로움이 밀물처럼
와락 안겨와 나는 고개 숙인다
다른 구두 속처럼
어쩌면 포개져 비뚤어진 내 마음을
훤히 알고 있는지도 모를 일
발가락을 포개지 않아도 좋았다
여유 있는 휘파람으로
발가락 세우고 있어도
아프다고 비명 지르지 않는 얼굴
나는 서서히 그의 목을 조르기 시작했다

새우란蘭

땅속부터 배배꼬인 마음들이
봄 햇살에 풀어지고 있다
숲 속 다소곳하던 바람 일어서면
풀잎 눈썹 위 얹혀진 이슬 깨어나
햇살 바른 언덕으로 달려가고
한 잎 두 잎 겹쳐져 있던 새우란
가슴들이 느슨해져
몸살 나도록 뿜어져 나오는 봄
흐트러진 마음 가지런히 가다듬고
마음을 활짝 열어 놓고 있다

빈집

아이들이 빠져나간 집
모든 것들이 일시 정지한 채 숨죽이고 있다
조용히 식탁에 앉아 상념에 젖으면
뚝, 뒤 베란다 문 허리를 편다
그 소리에 모든 집안 사물들 기지개를 켜고
여기저기서 두런두런 소리들이 살아난다
식탁 앞에 나는 정물처럼 앉아
그 소리들에 가위 눌려 아무런 움직임 표현하지 못한다
내가 움직이면 그 모든 소리들이 멎을까 봐
이 방 저 방에서 시계들이 당당하게 똑딱거리고 나는
그 소리에 내 피돌기가 스르르 멈추어 서는 것 느낀다
살아 있음이, 움직일 수 있음이 죄 되어 나는
숨소리마저도 내뱉지 못하고 끙끙거린다
사각사각 종이 위로 먼지들이 춤추듯 사뿐히 내려앉고
나는 빈 집안 속 정물화가 되어 미라처럼 앉아 있다

새를 찾아서

푸드득 네 소리 들린다
미명에 잠 깬 내 가슴속으로
새벽 안개같이 수런수런 몰려오는
그리운 모성애 빌미 삼아
나는 숲을 찾았다

땅 속 깊은 절규
내가 갇혀있는 세상 속에서
네 소리는 새장 안에만 숨어 있다
그러다 깜빡 잠이라도 들면
네 소리는 나 대신 세상 밖으로 질주한다

세상의 새벽은 언제나 미명으로 시작되고
나는 그 미명에 목이 말라 두렵다
그래도 내가 너를 찾을 수 있을까
내가 내 얼굴 모르고 살아 있는 것처럼
너도 너의 얼굴 기억이나 할 수 있을까

빗장으로 닫힌 세상을 나와
젖은 바람 언덕에서 울고 있을

너를 찾아 나 오늘
세상 밖의 길 떠나려 한다

새해, 동해바다

깨어나고 있다
아침을 몰고 오는 동해 바다
감겨진 눈꺼풀 틈새 비집고
지난해 갈매기 부리 끝에 물려
헉헉대던 어른들 어디론지 가버리고 나면
눈眼 푸르게 날이 선 아이 하나
새벽 안개같이 유유히 걸어오고 있다
해마다 깊은 바다 웃음소리에
자라나는 해초들의 몸짓처럼
죽음의 잠, 흰 등뼈 같은 들판에
햇살 뿌리 내리면 땅의 자궁 속
고개 숙인 개망초 슬며시 눈뜨고 있다
내 잠의 끝, 동해바다에서는
붉은 또 다른 햇덩이 잉태의 꿈으로
깨어나고 있다

사막 건너는 법

길은 없다
더 이상 낙타는 오지 않는다

내 마른 몸속으로 푸르게
흩어지는 윤회의 모래알들
와르르 무너지는 무형無形의 그림자를 뒤로 한 채
거대한 사막에 은비늘로 부서지던 햇살이
살기殺氣로 번들거렸다

섬유질의 청상靑孀 소금기둥
내 안으로만 살아나던 비단길
와디－ 더 이상 비는 오지 않는다

밤마다 몸 부비며 새끼 치는 모래 언덕 아래로
절정에 까무러쳐 흐르던 꿈길
그 은밀한 미소 위에 아무도 모르게 열리던 통로
나는 알고 있었다
내 마음속 생각들을 모두 비운 날 밤이면
사막은 온몸을 소리 없이 흔들어
푸른 사유思惟의 길 열고 있음을…

배꽃

작은 길 섶 가슴 열면
분분히 날리는 저 속삭임들
침묵의 늪에서 깨어나
햇살 아래 물무늬로 솟아오른다
겨울 내내 그리운 목소리
푸른 정화수 달빛 소망으로 깨어나고
나 오늘
너를 만나기 위해
바람 언덕에 홀로 서 있다

아픈 땅
추운 잠의 계곡을 건너
계절에 삭힌 시간들 사이
내 몸 뿌리 내리면
나의 뼈, 더욱 순결해지고
몸속 생각들 우르르 바람에 떨어져
창밖은 봄 햇살 돌아다니는 소리
비밀처럼
내 가슴에서 풀려난 하얀 은어 떼
지천으로 달려 꽃피고 있다

아, 척박한 땅 딛고 일어서는
저 순결한 아낙네들…

배꽃 2

차가운 겨울 안개 속에 나를 헹구어
내 몸 안에서 숨죽이고 있던
그리운 생각들 깨어나게 하고 있다
화들짝 되살아난 불면의 늪
내 그리움은 땅속뿌리에도 닿아
낮은 소리로 부르면
수줍어 고개 드는 꽃잎들
동짓달, 몸속에서 환하게 부풀어 터지는 기쁜 하혈下血

봄을 가슴에 품다

내 마음 안에 낯선 기운이 소슬 거리기 시작했다
겨울 내내 뭉쳐 있던 가슴 열어 놓고
계절과 시간을 비집고 소리 없이 들려오는 전문 하나
겨울 햇살이 옹알이 한 뒤끝이라 그런지
아직도 바람은 내 아픈 눈 속으로 걸어 다니는데
통도사 홍매화, 봉긋한 가슴 내밀며 피고 있다는
알싸한 소식에 나는 좁은 봄의 수로 따라
아지랑이같이 도로 위를 겁 없이 달려갔다
봄의 물길이 가슴에 차올라 숨이 가쁜데도
나는 길이 열리는 통도사 홍매화 나무 아래서 서서
지난겨울 가난했던 내 마음을 햇살에
널어놓고 홍매화 부푼 희망,
화사한 봄을 내 가슴속에 감춘 채
누가 볼까 봐 얼른 돌아서 나왔다
그런 내 마음 알았는지
내 등 뒤에서 홍매화, 하나 둘 마음의 문 열고
톡, 톡, 내 발걸음에 맞추어 환하게 웃기 시작했다

띠콩을 먹으며
–돈황 1

중국산 띠콩을 먹으며 무심결에 들여다본
중국 돈황 대벽화들의 고삐 풀린 나들이
그림 속 벽화를 아무리 들여다보아도
내 눈은 배꼽 쪽으로만 가고
온몸 반분해 놓은 띠콩의 밤색 허리띠가 심심하다
띠콩은 백화점 지하바닥에 누워서도
자기를 버린 대륙을 생각했는지도 몰라,
껍질 벗어버리고 알몸으로 걸어온 돈황의 비단길
그 비단길 따라 살아나는 벽화들의 한숨소리
(그 깊은 석굴 속에서의 숨쉬기는 어땠을까?)
모래먼지 풀풀거리는 돈황의 바람이
발아할 수 없는 띠콩 속에서
푸르게 되살아나 내 입 안 가득 씹히고 있다

잠든 아이를 안으며

어둠 속 거실 웅크린 채 잠든 아이를 안고 일어서자 툭, 동전 하나가 아이 손바닥에서 굴러 떨어진다 순간, 하루 종일 세상을 헤매다 들어온 내 마음도 같이 떨어져 거실 구석으로 굴러간다 그러다 문득, 아이의 마디 잠 속에 숨어있던 비밀 하나 캐어낸 것처럼 얼굴이 화끈거린다 아직은 가벼운 아이의 몸무게, 아이의 삶 속에서 나는 어느 만큼의 깊이로 자리하고 있을까 깊이도 알 수 없는 강물 같은, 내가 살아온 세상 속 고단한 삶 생각해 본다 부디 이 아이의 삶만큼은 고단하지 않기를, 불빛이 새어나오는 아이의 방 앞에 서서 나는 텅 빈 내 마음속으로 잔잔한 물무늬, 따듯한 촛불 하나 빛나고 있는 것 보고 있다 그 불빛 속에 서서 나는 아이를 안은 채 세상을 향해 천천히 숨고르기를 한다

푸른 오월, 아이 같은

집 앞 놀이터 미끄럼틀 아래
언제 발 뻗었는지 감나무 씨앗 하나
세상을 향해 푸르게 키 키우고 있다
화살 같은 햇살 속
작은 몸 흔드는 봄바람 맞으며
네가 살아있는 세상은 따듯하냐고
나를 보고 웃고 있다
아직, 세상은 살아보기 전에는
아무것도 모르는 일투성이라고
세상 밖으로 귀 열고 가슴 펴 보면
몸 흔드는 봄바람쯤 안중에도 없는 일이라고
나는 그렇게 이야기하고 싶어 가슴이 먹먹해진다
향긋한 봄바람 속 느긋하게 앉아서
초록빛 눈으로 이 세상 따뜻하게 피어나면
나도 때로는 너처럼 순수하고 여린 싹 틔워
푸르고 빛나는 시詩 쓰고 싶다고
가만히 너에게 손 내밀어본다

◎ 해설 ◎

추상적 이미지에 담긴 生의 울림과 진실

정준영(시인 · 문학평론가)

1. 구체에서 추상으로 전이되는 상상력

김현은 그의 문학전집 3 『상상력과 인간/시인을 찾아서』에서 시적 상상력의 두 경향을 분석하고 있다. 하나는 '동적 이미지로서의 상상력'이고 또 하나는 '형태적 이미지로서의 상상력'이다. 형태적 이미지를 통해 나타나는 상상력은 과거의 집적을 필요로 하는 것이며 개인의 생활과 밀접한 관련을 맺고 있다. 그것은 생활에 필요한 물건에 대한 경험이나 결핍이 정신에 깊숙이 각인되어 콤플렉스를 형성하는 것이라고 설명되고 있다.

그와 반대로 동적 이미지의 상상력은 오로지 관념적인 감정의 질감이 문제가 되는 것이고 이것은 생활에 필요한 만큼의 물건을 소유할 수 있었기 때문에 물건에 대한 콤플렉스가 형성되지 않은 형이상학적이고 질적인 정신의 구속만이 콤플렉스를 형성하는 것이라고 풀이되어 있다.

추측건대 김현은 시인과 시인의 시를 과거의 어떤 한 지점에서 원인을 찾아내어 콤플렉스의 산물로 해석하려는 경향(정신분석학적 해석방법)이 자칫 견강부회가 될 수 있음을 상기시키고 작품이 콤플렉스의 결과물만은 아니라는 말을 하고 싶었던 것 같다.

콤플렉스라는 심리의학적 용어가 아닌 다른 마땅한 용어를 찾아야겠으나, 시인의 작품이 한 인간의 내면과 정신에 각인된 어떤 것에 의한 것임은 분명하다. 그렇지만 김현은 과거 어떤 한 지점에서 모든 원인을 찾을 수 있는 작품해석의 방법에서 탈피할 수 있는 길을 동적 이미지의 상상력 즉, 형이상학적인 관념의 전개가 이루어지는 작품들에서 찾을 수 있다고 여겼다. 왜냐하면 구체적인 사물과 과거의 특정한 지점을 찾는 일이 수렴적인 것이라면 동적 이미지를 통한 상상력은 과거의 시간과 경험으로부터 확산적이기 때문이다.

시인의 시가 개인의 과거에 얽매인 콤플렉스에 의한 것이라면 작품은 자신의 병을 드러내는 것에 불과하고 좀 더 나은 차원을 기대한다 해도 자기치유 정도나 될 수 있을 뿐 예술로서의 진정한 명분은 얻기 어렵다.

인간의 감추고 싶은 이면을 솔직히 드러내고 표현하는 것은 예술이 진정성을 얻기 위한 하나의 기본적 방법이 되겠지만 병증으로의 해석에서부터 자유로울 수 있는 작품과 작품의 해석은 인간과 예술에 있어서 한층 높은 차원의 희망을 찾을 수 있게 해 준다.

조덕자의 시의 경향을 김현이 제시한 상상력의 두 가지 경향에서 생각해 본다면, 그녀의 시는 형태적 이미지의 상상력과 동적 이미지의 상상력이 혼합된 경향을 보이고 있다. 그 중 동적 이미지의 상상력이 조금 더 우세하다. 다시 말하면 조덕자의 시는 과거나 현재의 어떤 사물을 통해 정신에 각인된 것이 기점이 되어 확산된 형이상학적이고 관념적인 사유가 전체적인 작품에 흐르고 있다는 것이다.

> 우물 옆 감나무 밑에 쪼그리고 앉아 나는 가슴 먹먹한 하늘을 올려다본다 어릴 적 메마른 길 달려 긴 두레박 내리면 삐걱거리는 목마름, 푸른 하늘 달고 와 우물 속으로 들어가곤 했다 앉아서 일어서지 못하는 슬픔 한 자락. 내 가슴에서 풀려나와 깊은 우물 속으로 들어가 앉는다 발끝에서부터 온몸 신경들 내 눈치를 보며 일어서고 있다 사슬 푸른 하늘, 가을 끝에 매달린 붉은 감 하나 나를 훔쳐보고 있다 제향祭香이 피어오르자 서걱서걱 가을밤 베어 물던 바람도 조용하다 콘크리트 뚜껑 덮인 우물 속 그대는 잘 있는지, 세상 살아가야 하는 일이 빈 두레박 내리는 저 도르래처럼, 사람 마음 빈 곳을 채우듯 맞물려 돌아가는 것이라고, 나는 비 오는 구월 초이렛날 저녁 그대 마음 같은 대나무 우는 소리 들으며 술잔을 비운다 깊은 우물 속, 그리움이 고여서 깨어나는 이끼처럼, 먹먹한 향이 집안을 돌아 대청마루 기둥을 감고 있다 세월이 지나도 열리지 않는 마음의 문, 이

서늘한 가을 저녁, 회한悔恨의 작은 주홍부전나비 한 마리 내 가슴속으로 날아들고 있다

—「우물—그대의 忌日」 전문

'우물' 이라는 시적 소재는 어릴 적 화자의 경험들을 일깨우고 있다. '메마른 긴 길 달려 긴 두레박 내리' 던 경험은 현재 기억으로 불려내어져 그로부터 슬픔이라는 추상적 감정으로의 진입이 가능해지고 '우물' 은 이러한 작용의 실제적 구실이 되고 있는 것이다.

그것이 형태적 이미지의 상상력을 넘어 동적 이미지의 상상력으로 들어가는 부분은 '내 가슴에서 풀려나와 깊은 우물 속으로 들어가 앉는다' 에서 시작된다. 이미 여기서의 우물은 형태적 이미지로서의 우물이 아닌 동적 상상력의 이미지로서의 관념적 우물로 기능하고 있다.

형태에서 벗어난 관념적 사유는 삶이란, 세상 사는 일이란 것에 대한 성찰을 돕는다. 시인이 정의하는 관념들은 육화된 시간을 통과한 상황의 진실성을 바탕으로 하기 때문에 그것이 객관적으로 옳다, 그르다의 판단은 다른 차원의 문제이다. 시인은 외딴 섬에 홀로 조망대를 쌓아놓고 세상을 보는 사람이다. 여기에는 한 시인의 정신의 내부에서 건져 올려진 인간의 삶에 대한 정의가 실제를 떠난 관념의 차원에서 전개되는 것이다. 시인에 따라 깨달음의 작용이 일어나는 조건이 다른데 조덕자 시인의 경우는 실제로부터 관념적 사유에 이르렀을 때에 비로소 자유롭게 언술되어지는 경우라 할 수 있다.

또한 조덕자의 시에서 살펴볼 수 있는 것은 '슬픔' 이라든가 '가을' 등의 형태적 실체를 가지지 않은 추상적 단어들이 마치 하나의 형태를 가진 사물이 되어 묘사되고 있다는 것을 알 수 있다. '슬픔' 은 손으로 만질 수 있는 하나의 관념적 모양을 획득하여 '슬픔 한 자락' 으로 표현되고, '가을' 역시 물리적 시간으로부터 구체적 형태를 획득하여 '가을 끝' 으로 묘사되고 있다.

시인은 자신이 조망한 풍경을 보고 듣고 느낀 대로 소식을 알려 온다. 구체성에서 벗어난 관념적인 시들은 정확한 전달과 소통에 있어서 불리하지 않는가? 그렇지는 않다. 왜냐하면 타인의 구체성은 타인의 추상성이 될 수 있기 때문이다. 반대로 독자들은 관념적인 시를 통해서도 다시금 구체적 실제를 경험할 수도 있다.

시인이 구체적이든 추상적이든 세상을 그리고자 할 때는 시인이라는 한 사람의 존재가 전 세계와 소통하는 것이어야 한다. 조덕자의 시는 구체에서 추상으로 넘어가는 이미지를 통해 전 세계와의 소통에 힘쓰고 있다.

2. 일상의 순간에 찾아오는 깨달음

조덕자의 이번 시집은 삶의 순간마다 일깨워지는 깨달음의 순간들을 기록하고 있다. 그 깨달음이란 책을 통해 얻어지는 깨달음도 아니고 어려운 수행을 통해 얻게 되는 깨달음도 아니다. 일상의 사물을 눈여겨보다가 혹은 사물과 함께 일상의 순간들을 처리하다가 문득 일깨워지는 깨달음이다.

마음속에 집 하나 짓는 일, 늘 반복하며 살지만
칸칸의 방마다 들어앉은 미움의 상처
그 고인 상처에 문고리가 녹이 슬어도
용서한다는 것은 처음으로 돌아가는 일
계절의 흔적 남은 화분 비우며 깨닫고 있다

—「화분을 비우며」 일부

'용서' 한다는 것은 실제로 용서가 필요한 때에 이르러서는 너무나 어려운 일이라는 것을 경험해 보았을 것이다. 우리는 쉽게 남에게는 그저 네가 먼저 용서하라고 말하지만 막상 자신의 일이 되었을 때 남을 용서한다는 것은 얼마나 어려운 일인가. 혼자 무릎을 꿇고 예배당에 가서 울어도 되지 않는 게 인간에 대한 용서다. 조덕자 시인은 그 용서가 가능해질 수 있는 길을 알려준다. '처음으로 돌아가는 일' 그것을 생각한다면 용서하는 일의 어려움이 한결 덜어질 것 같다.

플라톤에 따르면 시를 포함한 예술은 속임수와 착각의 변증법이라고 하는데 시의 도덕적 미덕을 논하는 일이 착각이라 해도 할 수 없다. 착각의 착각이라도 해야 살 수 있을 것 같은 요즈음의 사회현상들은 도덕의 위급함을 신호하고 있다. 시가 실재와 외관의 모방이라는 생각을 넘어 시인은 자신의 시로부터 외관과 실재가 이루어지길 고대한다. 잠시 시의 윤리적 위험성을 설파한 플라톤을 착각하고 싶다. 조덕자의 시집은 치유의 인생길을 위한 한 권의 지침서로도 기능한다.

3. 아픔을 넘어서

그녀의 시에는 지난했던 자신의 삶의 아픈 흔적들이 전면으로 부각되어 있지 않다. 시집의 제목이 된 시 「지중해 블루 같은」에서는 어머니가 불려나와 있지만 나머지 시들은 그렇지 않다. 구체적인 누군가를 호명하다가도 구체적인 누군가는 추상적 인물로 바뀐다. 자신의 아픔 역시 드러내는 것 같지만 이내 마음속에서 걸러진 색깔들로 곱게 칠해져 간다. 무언가 말할 듯 말할 듯하다가 결국 말하지 않는 그 무엇이 있다. 시집 제목 '지중해 블루 같은' 은 결코 해명되지 않을 색깔이다. 그녀의 시를 읽으면 마음이 아픈 것은 잠시, 그녀가 어루만져 놓은 세상에서 아프지 않다.

> 가을이 시간의 독에 중독된 붉은 얼굴로 창문 두드리는 지금, 그녀의 가슴 안에는 세상의 독을 먹고 자란 쐐기풀이 가득하다 머리에서 발끝까지 몸속의 체액을 터전삼아 쐐기풀이 발 담그고 있는 곳, 물의 깊이 알 수 없는 폐肺 속에 갇혀 지금 익사하는 중이라고 자기들끼리 보글거리며 독기어린 가시 펼치고 있다 가을 햇살은 젊은 날의 추억을 아름다운 꽃으로 피우기도 하지만, 그 꽃이 지고 나면 그 자리엔 그 꽃만큼의 상처 흔적으

로 남아, 살아남은 사람 가슴속 아픔의 꽃 피우고 있다 나는 지금까지 살아오면서 삶이란 이름의 무성한 숲 속에서 길 잃고 헤맨 적이 얼마나 많았는지 아직도 앞이 보이지 않는다 아무것도 해줄 수 없는 지금, 내 작은 손 내밀어 그녀의 몸속 쐐기풀을 뜯어낼 수만 있다면 삶의 가시 박힌 내 손바닥도 눈이 시리도록 아름다울 것이다 지금, 그녀의 몸을 익사시키고 있는 폐, 그 속에 들어앉은 물, 깊이도 모른 채 헐떡이다 보면 세월은 또 그렇게 가는 것이라고 햇살이 빠르게 웃고 있다

—「쐐기풀을 뜯으며」 전문

'나는 지금까지 살아오면서 삶이란 이름의 무성한 숲 속에서 길 잃고 헤맨 적이 얼마나 많았는지 아직도 앞이 보이지 않는다' 는 그녀의 말은 꽃이 지고 난 후 그 자리에 핀 그 꽃만큼의 자국으로 그녀의 상처를 알려준다. 꽃이 진 흔적처럼 그녀의 아픔도 흔적이다. 꽃이 피었으므로 당연히 꽃이 질 때가 있다는 인식은 찾아온 아픔을 생의 연속으로 담담히 받아들이는 시인의 마음을 엿볼 수 있게 한다. 그 아픔의 실체를 굳이 처절하게 드러내지 않는 시인의 마음 또한 '아픔의 꽃' 이다.

실제의 고통스러운 체험을 좀 더 사실적으로 부각시키고 아픈 것은 더욱 아픈 것으로 드러내려고 하는 시적 태도가 아니어서, 그것을 초월한 것이어서, 그녀의 시는 아름답다. 흉하고 끔찍한 것을 시인이 미리 가려주어서 고맙기까지 하다. 예전에 어렸을 적에 지금의 켄터키 프라이드치킨 그런 것이 없던 시절에 동네 재래시장에서도 밀가루 옷을 입혀 기름에 닭을 튀겨주

는 게 있었다. 생닭을 잡아서 나무도마 위에서 목부터 치고 토막을 내는데 어린 내 눈을 손으로 가려주시던 어머니가 생각난다. 흉한 것 아픈 것 보지 말라고 손바닥으로 눈을 가려주시던 어머니의 마음을 조덕자 시인의 시에서 느낀다. 아픈 사람의 몸속 쐐기풀을 뜯어낸 그녀의 손에 박힌 무수한 가시들이 햇빛에 반사된다.

> 쏟아 붓는 이 세상의 추억이 사람들이 벗어놓은
> 삶의 힘든 옷가지 같아서 바람 부는 밤거리에 서서
> 나는 앞으로 살아가면서 이 세상 모든 걸 덮고 있는
> 저 많은 빨래들을 하면서 살지도 모른다고 생각하고 또 생각했다
>
> –「대설주의보」 일부

이 세상은 날마다 더러운 옷을 벗어놓는다. 조덕자 시인이 빨아 준 희고 깨끗한 옷을 입고 싶다.

문학의전당 시인선 48
지중해 블루 같은

초판인쇄 2008년 6월 3일
초판발행 2008년 6월 9일

지 은 이 조덕자
펴 낸 이 김충규
펴 낸 곳 문학의전당
출판등록 제387-2003-00048호(2003년 9월 8일)

주 소 152-841 서울특별시 구로구 구로6동 97-1 로얄프라자 206호
전화번호 02-852-1977
팩시밀리 02-852-1978
블 로 그 http://blog.naver.com/mhjd2003
전자우편 mhjd2003@naver.com

I S B N 978-89-91006-89-8 03810